CLAUDIUS LOCHON

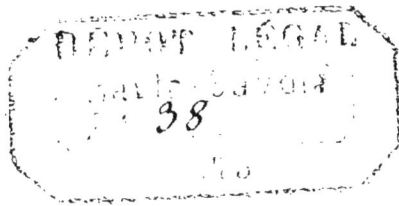

A LA MÉMOIRE DE MON AMI

A SA FAMILLE

A SES AMIS

A L'ASSOCIATION DE PIE IX

CLAUDIUS LOCHON.

« Il était de la trempe de ce Polyeucte, qui, à Néarque, l'invitant à
la modération par ce vers :

Ce zèle est trop ardent, souffrez qu'il se modère,

répondait par cet autre :

On n'en peut avoir trop pour le Dieu qu'on révère. »

(Extrait d'une lettre de condoléances
sur la mort de M. Claudius Lochon,
écrite le 21 août 1875 à M. Jean Delévaux, par le R. P. Blanc, de la Com-
pagnie de Jésus.)

« *M. Claudius Lochon est mort !* »
Quel étonnement et quelle douleur
ont saisi les lecteurs de l'*Union Savoisienne,* quand ils ont appris cette
désolante nouvelle ! Le même courrier nous a apporté l'annonce de sa
maladie et l'annonce de sa mort !

Le temps nous était enlevé de prier pour sa conservation ! Quelle perte pour la cause catholique et royaliste ! Quel vide dans les rangs des associés de Pie IX ! Quel coup pour ses parents et ses amis !

J'entreprends d'écrire ces lignes pour donner une voix à notre deuil de catholiques, et une légitime satisfaction à ceux de ses amis qui n'ont pas eu, comme moi, le bonheur de lui donner un dernier adieu sur le cimetière de Perrignier.

I

M. Claudius Lochon n'avait que trente ans et six mois, au moment de sa mort. A cet âge, il semble que l'on commence seulement à vivre ; pour lui, il avait déjà vécu, ayant bien servi son Dieu, son Eglise et son pays. Ceux qui ne l'ont connu que dans sa course de seize à vingt-cinq ans, ceux-là pourront s'étonner peut-être. Mais qu'ils nous permettent de leur dire : De seize à vingt-cinq ans, le jeune homme que vous

avez connu, c'était l'élève du lycée
de Chambéry, c'était l'étudiant de
l'Université de Paris, c'était le lecteur
des livres que l'*Alma Mater* nous fait
admirer, de Voltaire, de Rousseau et
de Montesquieu ; c'était un Saul qui
eût volontiers mis sa religion à gar-
der les vêtements des bourreaux pendant qu'ils lapidaient les martyrs ;
mais ce n'était pas le Paul que nous
avons connu, qui eût, d'aussi bon
cœur que le premier, fait brûler les
mauvais livres d'Ephèse pour une
valeur de « 50 mille pièces d'argent. »

De bonne heure, un signe d'élu
avait brillé sur le front de Claudius
Lochon ; ce signe était un amour
extraordinaire pour saint François
de Sales. Et voyez l'admirable pro-
gression que suivit cet amour. Tout
enfant, seul ou avec ses parents, il
ne voulait pas d'autre but de pro-
menade que la route des Allinges.
A treize ans, il partait un jour en
pèlerinage pour cette chapelle, et il
allait écrire, sur le registre qui reçoit
les noms des pèlerins, une poésie en
l'honneur de son cher François de

Sales, poésie d'un goût si exquis et
d'un rhythme si parfait, que le supé-
rieur du collége de Thonon ne voulut pas d'autre garantie pour faire
sauter la troisième à notre jeune poète, et l'admettre en humanités. Mais
déjà le jeune Claudius avait été mieux
que le poète de François de Sales ;
entre ces deux âges que nous avons
nommés, entre sept et treize ans, il
avait accoutumé de faire, entre Thonon
et Allinges , ce chemin que saint
François de Sales avait tant de fois
sanctifié de ses sueurs. Voici ce qui
avait déterminé ces fréquents voya-
ges :

Il y a quelque vingt ans, un enfant
partait seul de Thonon, faisait le
voyage d'Evian (n'était-ce pas un
voyage pour un enfant de dix ans ?),
et, sans se laisser détourner par au-
cun des objets nouveaux qu'il ren-
contrait sur cette route inconnue, il
allait, après maintes informations,
frapper à la porte de M. de Saxel.
On ouvre, on s'intéresse à ce petit
étranger , on l'introduit auprès des
maîtres ; ils lui demandent ce qu'il

désire. « *Ce que je désire*, dit-il sans plus de détours à M. de Saxel, *c'est que vous me donniez la chapelle de Noyer, sur la route des Allinges.* » Voyez-vous d'ici cet enfant, qui part de Thonon, avec quatre sous dans sa poche, sans dire mot à ses parents, et qui va demander à ces étrangers rien moins que la cession d'une chapelle ? Cependant, l'enfant était sérieux, intelligent, suppliant, demandant une cession immédiate. Il n'y avait pas moyen d'éluder une décision : M. et Mme de Saxel lui promettent de prendre en considération sa demande, et congédient gracieusement le jeune solliciteur. A quelques jours de là, un carrosse s'arrêtait à Thonon dans la rue Chantecoq ; deux nobles personnes en descendaient : c'était le maître et la maîtresse de la chapelle, qui venaient offrir de vendre aux parents du petit Claudius la campagne du Noyer avec sa précieuse chapelle. On ne fut pas d'accord pour le prix ; mais Claudius n'y perdit rien, car il obtint que la chapelle serait mise doréna-

vant à sa disposition. Depuis ce jour,
ce fut une succession de fêtes : la
chapelle fut appropriée, et chaque
dimanche une petite caravane partait
de Thonon ; le petit autel recevait
chandeliers, cierges, fleurs, tapis,
verdure, et notre jeune Claudius
imitait de son mieux les cérémonies
de la messe, après avoir, bien enten-
du, recommandé le plus grand sérieux à ses parents. Malheureuse-
ment, toutes ces saintes joies furent
bientôt troublées. Un jour que Claudius était retourné à sa chapelle, il
trouva la voûte effondrée. La *pierre
sacrée* de l'autel fut retirée des dé-
combres. Peu de temps avant sa
mort, il la montrait encore à ses
amis comme une précieuse relique.
Il se promettait bien de la faire
servir un jour pour un autre autel
à saint François.

Je le répète, il avait alors dix
ans, et ce qui l'attirait aux Allinges,
c'était le nom de saint François,
nom magique qui devait avoir un
salutaire retentissement dans toute
la vie de notre ami. C'est à saint

François que, plus tard, revenu à la plénitude de la vie catholique, il recommandait le succès de ses ardentes prières. Il écrira un jour à ses amis : « Je prie le bon Dieu et son fidèle François de Sales de me faire vivre encore bien des jours, pour sauver les âmes de ceux que j'aime. » Un jour, il se mettra en tête de procurer un drapeau à l'Association de Pie IX, et de lancer 40,000 pèlerins et quatre évêques, à la suite de cette bannière, vers sa chère chapelle des Allinges. Un autre jour, à la vue des oppositions que rencontre cette pacifique croisade, il lui échappera ce cri : « *Malheur à qui fait la guerre à saint François !* » Puis, après le pèlerinage, peu soucieux de rentrer dans ses fonds, il fera à lui seul tous les frais de la brochure *Les Allinges*, tirée à quinze cents exemplaires. Saint François de Sales était mis en demeure de le payer, en lui obtenant certaines grâces, par manière d'indemnité.

Ainsi François de Sales toujours, François de Sales partout ! Notre ami devait emporter deux regrets : de n'avoir pas pu faire ériger, sur la colline des Allinges, une statue monumentale de son saint et un Chemin de croix !

II

Nous venons de dire pourquoi saint François de Sales était tenu de faire abjurer à notre ami les préjugés qu'il avait un moment puisés au lycée de Chambéry et à la Faculté de droit de Paris. C'était au moment de la plus vive effervescence de ses passions, alors qu'elles ne pouvaient que s'aviver en se faisant jour au vent de la politique, c'est alors, dis-je, que par une coïncidence, que notre ami regardait plus tard comme toute salésienne et providentielle, c'est alors que l'apôtre des Allinges envoya à notre fougueux ami un noble allié et descendant de la famille de Sales. Nous ne le nommerons pas, sa modestie ne lui permet pas de croire qu'il a été l'*Ananie* de ce nouveau Paul ; mais nous, qui l'avons revu sur le cimetière de Perrignier, nous remercions ce noble personnage, au nom de notre ami, au nom de sa famille, au nom de notre pays.

C'est à la suite de cette entrevue que nous trouvons M. Claudius Lochon, en religion baissant amoureusement sa tête altière sous la bénédiction du Dieu des catholiques, en politique brûlant ce qu'il avait adoré, et adorant ce qu'il avait brûlé. Je sais que des hommes qui parlent sans cesse de progrès, et qui, eux, sont comme immobilisés et momifiés dans le mal, lui ont reproché cette volte-face. A ceux-là, je me contente de rappeler le mot d'un des leurs, du Genevois Sismonde de Sismondi : « *Le remords d'un homme à grand caractère nous offre le noble triomphe de la conscience sur l'orgueil !* » Or, quel n'était pas ce triomphe, et à quelle grandeur n'atteignait pas ce caractère, le jour où notre ami lança aux fidèles adorateurs de ses anciennes idoles, ce cri, dont ses ennemis mêmes n'ont osé nier ni la franchise ni l'audace : « La république avec de tels républicains, c'est le crime ; la monarchie avec un Henri V, c'est la religion, et c'est une guerre de religion qui commence. » Et lorsqu'il fut entré dans l'Association de Pie IX : « Je viens, dit-il à M. Delévaux, je viens me jeter dans vos rangs pour y combattre jusqu'à la mort. » Quant aux barbouilleurs anonymes, qui l'insultaient parce qu'il avait soutenu la candidature de M. le baron d'Yvoire : « Je leur répondrai, dit-il, en jetant mon nom dans le combat. » Il me semble voir ces premiers chrétiens qui, dans un moment d'oubli, avaient brûlé un grain d'encens devant la statue des faux dieux, et puis, tout d'un coup, terrassés par une goutte de sang qui jaillissait de la blessure d'un martyr, ils allaient, pour abjurer leur crime, renverser de son piédestal le dieu de plâtre qu'ils avaient encensé : tel nous apparaît Claudius Lochon dès l'année 1871.

Toutefois, qu'on se garde bien de croire qu'avant cette éclatante conversion M. Claudius Lochon avait adopté sans réserve les sots préjugés

et les désolantes doctrines de la révolution. S'il avait été victime de
son éducation universitaire, elle n'a-
vait pas du moins réussi à étouffer
la foi de son baptême ni la noblesse
de son cœur ; et il est des doctrines
qu'accompagne tellement le désespoir, qu'il suffit d'avoir une âme bonne pour sentir le besoin de les re-
pousser. Si l'on trouve dans le
premier volume de ses poésies, FEUIL-
LES AU VENT, telle page qu'il eût voulu
plus tard dissoudre dans un flot de
larmes, tel vers qu'il eût voulu effacer
de son sang, il est, en bien plus grand
nombre, des pages et des vers que
l'auteur du poème de la *Religion*
n'eût pas désavoués.

Ecoutez plutôt cette âme naturelle-
ment chrétienne, j'allais presque dire
sacerdotale, entendez-la, dans la
poésie dédiée à *M. le curé de* ***, se dé-
battant dans le vide qu'a creusé en
elle la bêche des philosophies ma-
térialistes :

Je viens me reposer près de vous, et pourtant
J'ai pour marcher encor des jambes de vingt ans.

C'est que déjà j'éprouve une fatigue immense:
Il manque à mon esprit la foi de mon enfance!
Le doute me dévore, et je n'ai pour soutien
Ni la croix de Jésus, ni la foi du chrétien.

. . . .

Croire, c'est cheminer dans les sentiers battus;
Nous voulons suivre, nous, des chemins inconnus!

. . . .

Mais qu'avons-nous trouvé? mais qu'avons-nous
[appris?
On avait équipé nos vaisseaux pour l'orage,
Et nous avons brûlé les agrès au rivage,
Et l'esquif qui nous reste approche de l'écueil
Où nous sommes poussés par le vent de l'orgueil!

Mais la poésie ne console pas de ce froid de la mort qui se trouve au fond de toutes les doctrines humaines: « *La poésie,* disait Pierre Leroux dans sa Revue indépendante, *la poésie? Mais les poètes en sont aussi au désespoir. — Avez-vous au moins des chants pour endormir mes douleurs? Les philosophes ont engendré le doute, les poètes en ont senti l'amertume fermenter dans leur cœur, et ils chantent le désespoir.* » Ecoutez la même pen-

sée exprimée en d'autres termes par
notre jeune poète. Après le début
que voici :

> Les églises sont solitaires,
> L'orgue a perdu sa grande voix ;
> Et seules les pauvres grand'mères
> Sur leurs vieux livres de prières
> Se penchent en disant : « Je crois. »

quelle vigueur de pinceau, quelle
image de mort dans les strophes
suivantes :

> Et nous, sans croyance et sans guide,
> Suivons un chemin inconnu ;
> Et tel que le Maure rapide
> Perdu dans son désert aride,
> Nous étouffons sur un sol nu.

> Nous ne savons que faire et croire ;
> Nos fronts sont toujours soucieux ;
> Nous avons renié l'histoire,
> Et nos regards, *amère gloire !*
> Ne savent plus rien lire aux cieux.

Non, non, celui qui flétrissait ainsi
le doute, l'auteur de « *la dernière Vi-*

site » *(Fleurs du Chablais)*, l'auteur de « *Pourquoi Dieu fit la nuit* », ne pouvait pas porter plus longtemps la mort dans son âme; il était né pour faire grand, son cœur lui criait : « Plus haut »! Aussi voyez quel changement déjà dans ses « *Rieurs* » :

Riez, vous le pouvez et vous le devez même!
Votre face à ce jeu se trouve belle à voir.
Rire de toute chose est le plaisir suprême ;
Rire, pour l'ignorant, remplace le savoir.

Riez de Dieu, riez de la sainte espérance,
L'azur calme du ciel irrite vos regards !
Insultez au bonheur, ainsi qu'à la souffrance ;
Sous vos masques rieurs, on voit des yeux ha-
[gards.

Encore un peu, et la sève chrétienne coulera à pleins bords dans l'âme du poète, et cette âme, en présence des *Idées nouvelles*, que l'on voudrait opposer à l'Evangile, connaîtra des indignations catholiques , dont la noblesse et les accents n'ont peut-être pas encore été dépassés :

Ainsi tout nous ravir, tout, même l'espérance!
Nommer le sentiment le plus noble : ignorance ;
Aux mains des opprimés et des souffrants en pleurs,
Briser le crucifix qui charme leurs douleurs,
Décerner au plus fort le triomphe et l'empire ;
Accuser six mille ans d'un stupide délire ;
Nier un Dieu suprême en face du soleil :
On appelle cela délivrance et réveil !

Je voudrais ne pas allonger ce récit, mais comment me résigner à laisser dans l'ombre, les beautés qui se pressent sous mes regards? Comment faire un triage quand on se trouve en présence de vers comme ceux-ci. Il s'agit toujours des *Idées nouvelles* :

Enfant, lorsque tu sus t'agenouiller, ton père
T'a dit : « Mon fils, sois sage ; en un Dieu juste es-
[père,
Dieu, c'est la charité, c'est le suprême amour ;
Implore avec ferveur sa bonté chaque jour.
Soumets-toi, sans te plaindre, aux peines de la vie ;
Ne sois pas orgueilleux, ne porte point envie.
Sois calme et résigné vers l'heure de la mort.
Si Dieu veut t'éprouver, bénis encor ton sort.

Souviens-toi jusqu'aux bords de la fosse profonde
Que l'âme est immortelle, et n'est pas de ce monde !

Ainsi parlait ton père, et, docile à sa voix,
Tu lisais l'Evangile et pratiquais ses lois ;
Tu priais en songeant au divin sacrifice
De Jésus sur la Croix mourant pour la justice ;
Tu croyais au pouvoir d'un Dieu consolateur :
Illusion ! — Ton père était un imposteur !

. . . . , ...

Comme vous le voyez, nous sommes bien loin du lecteur des *Ruines* et de l'*Emile* ; et cependant, ces vers glorieux étaient imprimés déjà en 1867 ; l'auteur vivait dans la métropole des *idées nouvelles*; il aspirait à pleins poumons les *odeurs* de Paris. Où notre poète pouvait-il donc puiser cet air de nos grandes montagnes ? Le bon Dieu et aussi le bon François de Sales travaillaient. Sous les touches mystérieuse de la grâce, *le sens catholique*, que nous devions trouver plus tard dans cette âme à des profondeurs étonnantes, *ce sens catholique* y faisait alors de plus en

plus avant son entrée. Il était même
alors meilleur en réalité qu'il ne se
croyait. Car, parlant un jour, dans un
épanchement intime, de cette époque
de sa vie, il avouait : « Jamais je n'au-
rais pu écrire la moindre parole contre
la religion. » Il disait encore : « Jamais
je n'ai passé devant une église sans me
sentir vivement ému, sans éprouver
des impressions religieuses. » Et,
quand un jour, sur les bords du lac
Léman, au milieu d'un orage qui retar-
dait le départ du bateau à vapeur, il
entendait deux enfants s'écrier, à la
vue d'un prêtre : « *Papa, nous n'aurons
pas peur de l'orage ; il y aura un prêtre
avec nous* », ce simple mot, à l'honneur duquel il composa plus tard
une poésie, était allé faire vibrer les
dernières notes chrétiennes, les seu-
les qui fussent encore endormies dans
son âme. La voix de l'orage, unie à
la voix de ces enfants, devait se mêler
quelque temps après aux voix mysté-
rieuses du sommeil : Claudius Lochon
était chrétien ! J'ai dit quelle autre
voix vint ensuite, qui de chrétien le
fit soldat.

Il n'était pas homme à se contenter d'amours ordinaires, d'adorations médiocres. Un moment même, il parut ignorer jusqu'à quel point le Dieu des croyants l'avait fait son apôtre. Il devait être apôtre comme un soldat qui, devant être prêt à chaque instant au sacrifice, ne doit pas se marier. On nous a nommé la fleur délicate qui avait fixé les attentions de notre ami, et l'on nous a assuré que pas une autre voix n'eût parlé contre ce projet, si la voix de Dieu n'avait pas parlé. Mais celle qui disait un jour à une de ses amies: « Vous êtes bien heureuse, votre frère va être consacré prêtre ; j'ai toujours, moi, regretté de n'être pas née homme pour me faire prêtre, » celle-là ne pouvait pas même épouser un soldat de Dieu ; elle ne pouvait qu'épouser l'obéissance, et lier sa main qu'avec les aimables sévérités du couvent. Il le fallait bien, pour que notre ami pût se dévouer à sa vocation nouvelle. Lui-même ne devait-il pas écrire plus tard, en présence d'une vocation religieuse d'une autre personne bien aimée: « C'est

elle qui a la meilleure part. Si j'étais
fille, je ferais comme elle. » Il devait
faire comme elle, en effet ; mais qui
eût dit que ce serait si tôt, et qu'il fe-
rait profession dans ce grand couvent
qui s'appelle le *Paradis* ?

III

Ce que devint la vie publique de
Claudius Lochon, depuis son retour
au catholicisme complet, les lecteurs
de l'*Union Savoisienne* ne l'ignorent
pas. Sa vaillante plume, qui valait
une épée, a plus d'une fois tracé des
pages lumineuses et ardentes dans
ce journal. Le rédacteur lui faisait
le plus souvent les honneurs du pre-
mier-Annecy, et c'était une surprise
toujours bien douce aux lecteurs que
de rencontrer, au bas d'un article, le
nom cher à tous de Claudius Lochon.
Pendant quelque temps, son confrère
de l'*Union* fut privé d'une collabora-
tion aussi précieuse ; mais il s'en
consola en voyant son ami prêter sa
plume si catholique à la rédaction
du *Courrier des Alpes*.

Son apostolat à Chambéry fut de courte durée. Il n'était pas homme à voiler le moindre pli de son drapeau, et dès qu'il vit qu'on voulait lui tracer un autre programme que le sien : LE SYLLABUS ET LE ROI, il revint à nous. D'autres journaux, que nous ne nommerons pas, lui offrirent leur rédaction ; d'autres encore, qui se disent honnêtes, songèrent également à lui ; mais ils reculèrent devant le péril de sa franchise. Dans un temps d'universelle lâcheté, dans un temps où l'on accueille pour *Credo* l'opinion qui arrive sur les ailes de la popularité ou sur la rose des vents, quelle magnifique leçon que l'opiniâtreté .de ce journaliste de 30 ans !

Cependant, avec l'*Union Savoisienne*, devait se lever un autre journal, qui, lui non plus, ne devait pas connaître ces horripilations bourgeoises et ces mesquines appréhensions du libéralisme en présence des affirmations de la vérité, telles qu'elles s'échappaient de cette plume *sans peur et sans reproche*. Une grande feuille

allait se fonder à Versailles, sous l'œil
d'un grand évêque, et à l'ombre d'un
grand nom. M. Claudius Lochon devait aller à Versailles, comme rédacteur ; des circonstances imprévues
empêchèrent la fondation de ce
journal et le départ de notre ami.
Il resta en Savoie, debout sur la brê-
che. Elle était assez brûlante pour
qu'il y eût quelque mérite à s'y mon-
trer. Nous souvenant de ses dernières paroles : « Je pardonne à tous ;
depuis longtemps j'ai autant prié
pour mes ennemis que pour mes
amis, » nous ne dirons rien des me-
naces de mort par lesquelles, plus
d'une fois, on avait essayé d'intimi-
der son courage. Nous ne nommerons pas cet hôtel, où, à prix d'or,
il ne put pas même se faire servir des
œufs pour un dîner de vendredi :
« *Non erat ei locus in diversorio.* »
Nous ne nommerons pas l'agent de po-
lice qui lui signifia un jour de partir
d'une ville, où sa présence devenait
un embarras. « Si vous saviez, disait-
il un jour, tout ce qu'on répand dans
le peuple contre moi ! C'est un vrai

Crucifige! » Ah! cher ami, nous ne le savions que trop ; et cette couronne d'épines qui mettait le comble à votre gloire, mettait en même temps le comble à nos douleurs. Mais, pour lui, si ces procédés noyaient son âme dans le dégoût, ils étaient impuissants à briser son courage. Ce jeune homme, que le *parti* avait tant flatté pendant que sa plume eût pu servir *leur* haine contre l'Eglise, voilà que tout d'un coup le vide s'était formé autour de lui, le désert l'environnait ; même pour de fort honnêtes gens, le nouveau « *Polyeucte* » était devenu

Ce pelé, ce galeux, d'où nous vient tout le mal !

Il n'avait plus à rompre des lances contre des adversaires devenus invisibles, mais à lutter contre l'ombre, le silence et le dégoût. Rien n'a pu le terrasser. Il entrevoyait même dans le lointain de plus sanglantes perspectives ; dans son amour pour le Christ persécuté, il les savourait.

Le 19 février 1873 il écrivait à un compagnon d'armes : « Je préférerais aujourd'hui même la mort à l'aban-

don de mon drapeau; » un autre
jour: « Les nouvelles d'aujourd'hui
sont mauvaises, tant pis et tant
mieux. Vous savez, mon cher ami,
quelle confiance nous avons en notre devise: *Dieu et le Roi!* » Et le 8
avril 1875: « Je crois comme vous
que la terreur française est proche,
très-proche. Bien des signes l'annon-
cent. Dieu nous permettra peut-être
alors de faire quelque bien en Savoie,
en nous plaçant à la tête de la ré-
sistance, et en nous accordant le
courage de donner notre sang, s'il le
faut, n'est-ce pas? » Une autre fois,
il lui échappe ce cri : « Courage toujours! Dieu est avec nous. Qui nous
vaincra? » Et puis encore: « Non,
mon cher ami, je ne déserterai pas
le champ de bataille. Il y a aujour-
d'hui dans la lutte catholique un
amer plaisir, qui fortifie l'âme au
delà de tout de qu'on peut espérer.
Tout est contre nous, tout! et cependant on n'en est que plus joyeux
et plus fort. » Hélas! il devait arri-
ver un jour où les forces trahi-
raient son courage. Une hypertrophie

de cœur, dont les symptômes s'étaient
déjà montrés dans l'étudiant en droit,
et qui avait forcé le jeune avocat à
quitter le barreau, où son éloquence,
sans cela, lui aurait certainement
assigné une place très-honorable,
cette affection terrible, impitoyable,
minait sourdement son frêle organis-
me. La sensibilité de son cœur, qui
faisait de lui une vraie sensitive, join-
te aux émotions d'une vie qui, comme la Révolution, dévore ses enfants,
tout nous faisait craindre pour les
jours de ce vaillant soldat. Lui-même savait, par la nature de sa maladie, que ses jours seraient courts,
et il adorait d'avance la volonté
de Dieu qui l'appellerait à lui.

IV

Si nous n'avons pas vu souvent
son nom dans l'*Union savoisienne*
pendant les premiers mois de cette
année, ce n'est point qu'il eût
déjà remis l'épée dans le four-
reau. En soldat de Dieu, il devait

mourir debout et la plume à la main.
Dans le silence, où il semblait s'être
enseveli, il préparait de nouvelles
provisions, il fourbissait de nouvelles armes. J'étonnerai bien ses ennemis, en disant où il prenait ces armes.
Il ne lisait plus guère que deux livres : *le Catéchisme du Concile de Trente et les Œuvres complètes de saint
François de Sales.*

François de Sales au commen-
cement, au milieu et à la fin de sa
vie! Les œuvres de ce grand saint
faisaient ses délices, et il y a dans
ces œuvres telle page que notre ami
aura bien lue vingt fois.

Mais je me trompe : avec ces deux
livres, il avait, depuis bientôt une
année, un troisième compagnon de
sa chère solitude. Il étudiait la théo-
logie catholique de Mgr Gousset ;
et, s'il eût vécu.... ah! je crois ne
pas me tromper, et qu'il me pardonne de dévoiler sa secrète ambition, il me semble, dis-je, que s'il
eût vécu, il n'aurait plus désiré
d'être « fille pour devenir sœur de
charité ; » peut-être un jour nous

l'eussions vu prêtre, bénissant et
absolvant ses ennemis.

J'ai prononcé le mot d'ambition.
On l'a accusé d'en avoir : certes, oui,
il en avait ! mais non cette ambition
basse dont on l'accusait. Il avait une
ambition au cœur, celle de voir
l'Eglise glorieuse et la France rele-
vée. Quand il se porta comme can-
didat au Conseil général pour le
canton d'Abondance, il obéissait à
cette nécessaire ambition de servir
l'Eglise et la France ; et qui osera
dire que les questions qui s'agitent
au sein des Conseils généraux n'in-
téressent ni l'Eglise ni notre pays ?

S'il n'eut pas le succès complet, il eut du moins la peine com-
plète, il eut le mérite complet. Dans
le ciel, il n'y a de couronne que pour
le mérite, il n'y est plus question
de conseillers généraux. Mais il est
une chose que ne savent pas sans
doute ceux qui ont fait échec à sa
candidature, c'est que cet échec a
été la cause de la plus grande joie
qu'il ait goûtée dans sa vie. Il écrivait le 31 octobre 1874 : « Le bon

Dieu ne m'a pas accordé la vétille du Conseil général.,.. Il me donne la.... » Cette grâce que je ne nomme pas, mais que tous les amis et les ennemis de Claudius Lochon connaissent, il l'eût achetée avec son sang. Cette grâce fut bientôt suivie d'une autre non moins précieuse ; notre ami pouvait mourir dès ce moment : il laissait après lui ces deux victoires, comme deux filles qui devaient surtout faire bénir son nom ; elles étaient plus nobles que les filles d'Epaminondas , Leuctres et Mantinée.

V

A partir de ce jour, nous n'avons plus eu de nouvelles de notre ami que pour apprendre le coup qui allait nous frapper. Depuis deux mois, il avait cessé toute correspondance. Les progrès de la maladie allaient faire tomber de ses doigts cette plume que n'avait pu briser la persécution. Le jeudi avant sa mort, il était encore descendu en voiture

de Perrignier à Thonon ; mais ce
corps mourant faisait peine à voir.
Le dimanche suivant, le dernier qu'il
passait parmi nous, il avait voulu encore se transporter à l'église de Perrignier. A l'intonation du *Gloria*, je
ne sais quel glas funèbre sonna dans
son âme. Il fut obligé de sortir de
l'église, et il déclara depuis que ce
Gloria lui avait paru comme un
chant de la mort. Le lundi suivant,
prévenu par une voix fraternelle, il
commença, avec une foi qui arra-
chait des larmes, les préparatifs du
grand voyage. Il recevait, dans une
connaissance parfaite de lui-même,
ce Dieu-Eucharistie, pour qui il eût
versé tout son sang. Quand la sainte
Eucharistie eut franchi le seuil de sa
chambre, on vit cet héroïque jeune
homme, dont le corps n'était plus
qu'un fantôme souffrant, se soulever
de sa couche, et malgré toutes les
défenses de ses parents, mettre les
deux genoux à terre pour recevoir
plus dignement son Sauveur. La même chose arriva quand son père et
sa mère, venus de Thonon, furent

entrés dans sa chambre. Recueillant le reste de ses forces, il voulut se mettre à genoux devant eux pour leur demander pardon des fautes qui auraient pu lui échapper. C'était un spectacle à fendre le cœur. Le prêtre, son ami, qui assista le malade pendant ses deux derniers jours, nous a raconté que cette agonie et cette mort avaient été aussi éloquentes pour lui qu'une retraite de six mois. Cependant, le mardi, malgré une crise terrible, survenue dans la journée précédente, le malade consentit encore à recevoir quelques visites : des prêtres de l'archiprêtré de Thonon et quelques membres de cette vaillante Association de Pie IX, conduits par M. Delévaux.

Au milieu de souffrances atroces, Claudius Lochon avait la sérénité d'un homme étendu sur un lit de roses. Pas une plainte ne lui était échappée. Que dis-je, une plainte ? Il n'avait connu que ces quelques mots : « Merci, mon Dieu, de ce que vous me faites souffrir. » C'est alors

qu'un de ses amis put voir toute la
vérité de ces paroles, que lui écrivait, la veille, le docteur Dénarié,
médecin et garde-malade de notre
ami : « Je voudrais que vous fussiez
témoin de sa résignation au milieu
de ses douleurs. Et quelles douleurs,
grand Dieu! Pendant deux jours et
deux nuits, pas un moment de répit.
Mais pas un murmure! A chaque
cri de douleur, un *long* baiser sur
la croix ! » A la vue des associés de Pie IX : « Je vous atten-
dais, » dit-il ; et un instant après
il ajoutait : « Vous voyez ce que l'on
peut devenir ! » Ensuite il dit un nom
qui fit entendre qu'il désirait connaître le résultat des élections pour
le canton de Saint-Jean-d'Aulph. On
lui répondit par un autre nom, et il
parut s'endormir content. Il était
naturel que la cause catholique re-
cueillît sur les lèvres de ce noble
mourant sa dernière pensée. Les associés de Pie IX restèrent près de
trois heures auprès de leur cher
malade ; quelque navrant que fût
pour eux le spectacle de ses dou-

leurs, ils ne pouvaient se séparer de lui ; ils sentaient trop la vérité de ce mot qu'il allait prononcer à leur départ : « Je ne vous verrai plus sur la terre ; au revoir dans le ciel ! » Puis il prit à part un de ces visiteurs, qui est prêtre : « Monsieur l'abbé, lui dit-il, prenez cet écu pour des messes. » — « Des messes pour vous ? repartit l'abbé. » — « Non, pas pour moi, mais pour les âmes de Perrignier qui seraient en purgatoire. » Pauvre cher ami, jusqu'où il portait la générosité ! C'était bien la même main qui naguère nous tendait une bague en or : « Vendez-la, nous disait-il, et vous consacrerez l'argent aux pauvres. »

Le moment approchait où ses lèvres allaient se glacer. Il baisait souvent ce crucifix, présenté par les deux amis infatigables qui veillaient sans cesse à ses côtés. Il disait à l'un d'eux : « Alphonse, tu te tiens à côté de moi dans mes derniers moments ; mais, sois-en bien sûr, je te rendrai un jour le même service. » Quelque temps après, quand ses yeux

commencèrent à se voiler, le crucifix étant loin de ses lèvres, on le
voyait s'avancer pour le baiser encore. Par trois fois il avait demandé
lui-même qu'on récitât, à son chevet,
les prières pour les mourants. Cette
agonie se continua jusqu'au jour suivant. Le mercredi 18 août, à deux
heures après midi, notre héroïque
malade rendait sa belle âme à Dieu !...

VI

Il avait recommandé qu'on ne fît
pas d'éloges de lui ; il avait désiré
qu'on récitât le chapelet à haute
voix à ses funérailles, lesquelles devaient être simples, en tout sembla-
bles à celles « que l'on faisait pour ses
chers paysans de Perrignier. » Car
c'est bien à Perrignier qu'il voulait
être enterré. La paroisse entière ac-
courut pour voir une dernière fois,
sur son lit de mort, ce corps qui
avait enveloppé un si grand cœur
et une si belle âme. Le visage, nous
a-t-on dit, avait pris un genre de

beauté comme on ne le lui avait jamais connu.

Pendant ce temps, la terrible nouvelle se répandait de proche en proche. Le jeudi soir, deux Frères de la doctrine chrétienne partaient de Thonon pour aller disputer aux jeunes gens de Perrignier l'honneur de passer la nuit autour de ces restes précieux. Le vendredi matin, une commune douleur avait rassemblé dans l'église de Perrignier une assistance inaccoutumée. Quinze prêtres venus de tous les environs, quatre religieux capucins de la Maison de Thonon, étaient là pour témoigner du deuil de l'Eglise. Seize Frères de la doctrine chrétienne, conduits par le Frère Valfrid, directeur, et par l'inconsolable Frère Louis, étaient là avec leur aumônier, le noble curé exilé d'Hermance, et quelques jeunes gens du Pensionnat de Thonon. Il y avait là, surtout, la bannière de l'Association de Pie IX, revêtue d'un long crêpe, et à sa suite un grand nombre de représentants des comités locaux : Thonon, Armoy, Anthy,

Abondance, Allinges, Bons, Evian,
Fessy-Lully, Sciez, Vinzier, Yvoire....
Qu'on me pardonne si j'oublie des
noms : quand on a les yeux obscur-
cis par les larmes, on est excusable
de ne pas tout voir.

Il manquait, toutefois, un homme
dans ce cortége : cet homme, qui en-
treprend de sauver Genève malgré
elle, cet homme, qui a honoré par
tant de monuments en Europe (185)
les dépouilles des victimes de la dernière guerre, ah ! oui, la place du P.
Joseph eût été là aussi, au milieu de
nous, pour honorer les restes de ce
vaillant soldat de Dieu. Le soir même de ce jour, le P. Joseph nous té-
moignait son regret : averti trop
tard, il n'avait pas pu se rendre à
Perrignier. Dans cette impuissance,
il avait envoyé à Thonon une lettre,
et dans cette lettre il y avait quatre
lignes qui vaudront plus, pour la
consolation de la famille Lochon et
de l'Association de Pie IX, que toute
cette biographie : « L'Association de
Pie IX avait besoin d'un protecteur
dans le ciel ; Dieu le lui a donné en

appelant à lui cette grande âme, qui s'est usée au service du droit et de la vérité. »

Après une courte allocution prononcée dans l'église par un prêtre, ami du défunt, le convoi prit la route du cimetière. Les coins du poële étaient portés par MM. les avocats Bergoënd et Bordeaux, et par MM. Camille Fréchet et Joseph Cénevaz. La foule suivait merveilleusement recueillie. La physionomie de ce convoi funèbre était étrange : la douleur, peinte sur les figures, était accompagnée d'un certain rayonnement qui semblait dire : « Ce n'est pas sur le mort qu'il faut pleurer, mais sur nous ! »

O noble âme de mon ami, tu fus longtemps notre édification pendant ta vie, et voici que tu es devenu d'un plus grand exemple encore par ta mort. Reçois donc ici un dernier adieu au nom de ceux qui t'accompagnèrent sur le champ du repos, dans ce cimetière qui regarde tes Allinges chéries, et au nom de ceux qui, moins heureux que nous, nous avaient prié de les représenter. Tous, nous te répétons ce mot que tu prononçais à la veille de ta mort : « Au revoir, au revoir dans un monde meilleur !... » Et, puisque, maintenant plus que jamais, tu vis et tu t'intéresses à la cause de ton Dieu, écoute : Nous t'envoyons avec nos prières cette assurance, que tu donnais jadis à un vaillant ami, qui venait de perdre sa mère : « Loin de nous abattre, la perte douloureuse que nous avons éprouvée ne fera que soutenir notre ardeur au combat. Il semble que la croix nous est plus chère, quand elle couvre la tombe de ceux que nous avons aimés. »

J.-J. MERMILLOD,

vicaire de Notre-Dame d'Annecy.

Annecy. — Anc. Impr. Burdet, J. Niérat et Cie, successeurs.

www.ingramcontent.com/pod-product-compliance
Lightning Source LLC
LaVergne TN
LVHW021704080426
835510LV00011B/1577